386)

CATALOGUE

PORTRAITS

CLASSÉS PAR

PAYS, PROFESSIONS, GRAVEURS

VIGNETTES, HISTOIRE NATURELLE

PORTRAITS ET VIGNETTES EN NOMBRE

Vues de divers pays

DONT LA VENTE AURA LIEU

HOTEL DES COMMISSAIRES-PRISEURS

RUE DROUOT, 5, SALLE No 7

AU PREMIER ÉTAGE

Les Mercredi 8 et Jeudi 9 Novembre 1876

A UNE HEURE PRÉCISE

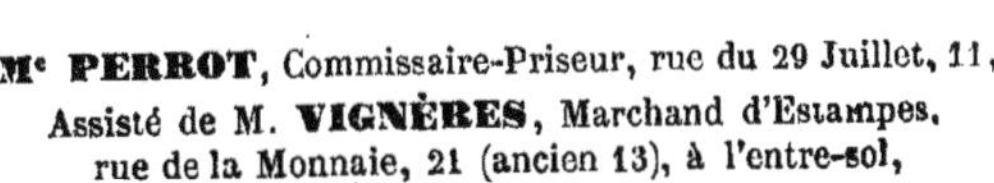

Me PERROT, Commissaire-Priseur, rue du 29 Juillet, 11,
Assisté de M. **VIGNÈRES**, Marchand d'Estampes,
rue de la Monnaie, 21 (ancien 13), à l'entre-sol,
CHEZ LEQUEL SE DISTRIBUE LE CATALOGUE.

PARIS — 1876

ORDRE DES VACATIONS

Première Vacation.................... 1 à 167
Deuxième Vacation.................... 168 à la fin

CONDITIONS DE LA VENTE

L'ordre du Catalogue sera suivi.

Elle sera faite au comptant.

Les Acquéreurs paieront CINQ POUR CENT en sus des enchères.

M. VIGNÈRES, dirigeant la Vente, se charge des Commissions.

Nota. Toute commission sans prix fixé ou sans limite déterminée sera regardée comme nulle.

M. Vignères se charge de faire marquer les prix aux Catalogues des Ventes qu'il a faites. Les personnes qui le désirent peuvent s'adresser à lui *franco*.

Plusieurs Amateurs éloignés en ont reconnu l'utilité pour les guider dans leurs achats sur les valeurs des Estampes.

Les Catalogues des Ventes à faire seront envoyés aux personnes qui en feront la demande *affranchie*.

Avis. — Nous prions MM. les Amateurs éloignés de ne pas attendre au dernier jour, pour que les lettres arrivent le matin de la vente; la distribution des lettres se faisant après mon départ.

M. VIGNÈRES se charge des Commissions dans les Ventes de Livres et Estampes autres que les siennes.

Choix de Catalogues avec prix marqués.

(386*)

CATALOGUE

PORTRAITS

CLASSÉS PAR PAYS

1 **Histoire ancienne**, grecque et romaine, Portraits gravés anciens et modernes. Tardieu, etc. 115 p.

2 **Histoire romaine**. Portraits anciens et modernes. 67 p.

3 **Afrique.** Célébrités anciennes et modernes, 35. — Asie, Chine, etc., 15. En tout 50 p.

4 **Amérique.** Célébrités anciennes et modernes. 23 p.

5 **Angleterre.** Rois et Reines, anciens portraits. 80 p.

6 — Rois. Collection d'Odieuvre, marge. 45 p.

7 — Rois, Reines, Princes et Sujets historiques. 96 p. gravées et lithog.

8 — Hommes d'État et autres. 42 p.

9 — Militaires et Marins, Amiraux. 43 p.

10 — Révérends, Cardinaux, Pasteurs. 43 p.

11 — Littérateurs, Poëtes, etc. 71 p.

12 — Philosophes, Savants, Auteurs, etc. 52 p.

13 — Auteurs et Acteurs, la plupart lithog. 33 p.

14 — Acteurs modernes, gravés. 53 p.

15 — Acteurs en pied et scènes. 46 p.

16 — Actrices, gravées modernes. 54 p.

17 — Actrices en pieds, gravées. 32 p.

18 — Femmes célèbres, gravées. 38 p.

19 — Femmes célèbres, modernes. 56 p.

20 — Rois et célébrités. Col. Vanderwerff. 30 p.

21 — De la même collection. 23 p.

22 Empereurs d'Occident et d'Allemagne. Marie-Thérèse de Hongrie. 35 p.

23 **Autriche.** Rois et Prince, Lorraine, Bohême, Hongrie, célébrités anciennes. 71 p.

24 — Généraux, Guerriers, Ecclésiastiques, etc., anciens. 52 p.

25 — Rois, Princes, Artistes, Acteurs, et autres célébrités gravées et lithog. 48 p.

26 **Bavière.** Rois et Princes. Célébrités militaires et autres. 110 p., la plupart anciennes.

27 **Danemark.** Rois, Princes et célébrités, 18. — Célébrités suédoises et Rois, 30; en tout 48 p.

28 — Christian VI, Frédéric IV, C. de Guldenleu, Suède, Bernadote en pied, Charles Harleman. 5 p. in-fol.

29 **Espagne.** Rois, Reines, Princes anciens et modernes. 73 p. gravées et lithog.

30 — Célébrités religieuses, littéraires et autres, anciennes et modernes. 67 p.

31 **Grèce** et Turquie, anciens et modernes. 37 p.

32 **Hollande.** Comtes et Comtesses, complet. 38 p.

33 — Anciens princes de Brabant, Orange, Nassau, et comtes. 64 p.

Grivot 6.

Herman 10

Herman 5

Grivot 5

Grivot 6

Grangier 20

34 — Magistrats et Savants. 49 p.
35 — Guerriers et Ecclésiastiques. 54 p.
36 — Peintres tirés de l'Histoire de Descamps, par Ficquet et autres. 67 p.
37 — Peintres anciens, gravés. 35 p.
38 — Célébrités diverses, gravées et lithog. 38 p.
39 — Princes et célébrités. 8 p. in-fol.
40 **Italie.** Papes anciens et modernes. 42 p.
41 — Cardinaux, Ecclésiastiques, etc. 31 p.
42 — Militaires et célébrités diverses. 47 p.
43 — Auteurs, Littérateurs, Poëtes. 36 p.
44 — Architectes, Peintres, Sculpteurs. 80 p.
45 — Musiciens, gravés et lithog. 27 p.
46 — Acteurs, en bustes et en pied. 46 p.
47 **Pologne.** Rois, Princes, célébrités, Généraux et Personnages de l'Insurrection. 74 p.
48 **Portugal.** Rois, Princes et célébrités. 23 p.
49 **Prusse.** Rois, Princes, Guerriers, Artistes, Anciens. 33 p.
50 — Savants, Ecclésiastiques anciens et autres célébrités, par Tardieu et autres. 63 p.
51 **Russie.** Czars et Princes, 25. — Czars très-anciens, 21. — Célébrités 15. En tout, 61 p.
52 **Savoie.** Princes, série complète. 32 p. in-4.
53 **Suisse.** Célébrités militaires et autres, ancienes et modernes. 76 p.
54 Célébrités allemandes anciennes, gravées. 95 p.
55 Rois, Électeurs et célébrités, Saxons. 61 p.
56 — Princes et Princesses d'Anhalt, Hesse, etc. 41 p.
57 **Étrangers.** Savants. Collection Tardieu. 34 p.

58 — Savants. Collection des Hommes utiles. 61 p.

59 — Acteurs et Musiciens, 22 p.

CLASSÉS PAR PROFESSIONS

60 **Académiciens**. Littérateurs. 10 p. gravés.

61 — Anciens, gravés. 52 p.

62 ✱ Modernes, gravés. 62 p.

63 — Lithographiés. 40 p.

64 — Tardieu et autres. 46 p.

65 — et célébrités. Col. *Delpech*. 74 p. in-8.

66 **Académie des Beaux-Arts**, ancien gravé, *Ficquet*, d'ap. *Cochin* et autres. 37.

67 — Modernes, gravés. 16 p.

68 — Lithographiés. 43 p.

69 **Académie des Sciences**, gravés, *Tardieu* et autres anciens. 78 p.

70 — Lithographiés. 40 p.

71 **Acteurs**, Actrices et Mucisiens. Lithog. In-fol. 36 p.

72 — et Actrices en pied et en bustes. Lithog. In-fol. 33 p.

73 **Artistes** Peintres. Girardon, Meissonnier, Restout, G. Dow, etc. 9 p. in-fol.

74 — David, Denon, Poussin, Carrache, Pérugin, etc. 10 p. in-fol.

75 — Peintres, Sculpteurs, Architectes, Graveurs. 32 p.

76 Artistes, Clergé, Littérateurs. Lithog. In-fol. 22 p.

77 **Clergé**. Papes. 8 p. in-fol.

Grison 5

Janzé

Grison 6

Grivo 7

Lemergnen 35

Jangie

78 — Cardinal Fleury, Maury et autres dignitaires. Sainte Geneviève, etc. 20 p. in-fol.

79 — Cardinaux, anciens gravés. 34 p.

80 — Évêques, par *Daret*, M. Lasne, etc. 22 p.

81 — Jésuites. In-8 et in-4. 17 p.

82 — Religieux, Ecclésiastiques, Prêtres. 30 p. gravées.

83 — Abbés, Prêtres, Réformés, etc. 43 p. gravés.

84 — Ecclésiastiques divers, Cardinaux, etc. 69 p. gravées et lithog.

85 Sujets représentant les miracles opérés sur le tombeau de M. de Paris. 13 p. in-4.

86 Clergé et Sujets religieux. Lithog. In-fol. 16 p.

87 Affaire du collier. Mme Latour, Mlle d'Oliva, etc. 6 p. in-4 en manière noire.

88 **Députés** de l'Assemblée nationale, 1789. De la collection *Déjabin*. 169 p.

89 — de l'Assemblée législative. Collection *Sergent*. In-4, 9 p., et collection *Déjabin*, 32. En tout 41 p.

90 — à l'Assemblée nationale. Collection *Bonneville*. 26 p.

91 — à l'Assemblée nationale et à la Convention. 42 p. lithog.

92 — de la Restauration. Collection *Amb. Tardieu*. 90 p.

93 — des diverses Assemblées. Collection *Delpech*. In-8. 53 p. lithog.

94 — et Pairs de la Restauration. Lithog. 28 p.

95 — de 1848. Collection *Delarue*. 24 p.

96 — de diverses époques. 36 p.

97 **Écrivains.** Du Belloy, Racine, etc. In-fol. 5 p.

98 Expédition d'Égypte, Généraux, Savants, etc. 24 p.

99 **Femmes célèbres**, anciennes et modernes. 66 p.

100 — en bustes et en pied, gravés et lithog. 34 p.

101 **Femmes** littéraires. Lithog. Petit in-fol., par *Jules Boilly*. 21 p. sur chine.

102 Femmes célèbres, Médecins, Députés. Lithog. in-fol. 18 p.

103 Femmes célèbres, Militaires, Administrateurs, Gouvernants. Lithog. in-fol. 20 p.

104 — Charlotte Corday. 6 p.

105 **Généraux**, en bustes et en pied. In-fol. 7 p.

106 — Vendéens en pied, Gouvernement provisoire et autres, contenant réunion de portraits sur la même feuille. Lithog. In-fol. 14 p.

107 — en pied tirés des galeries de Versailles. Furne et Gavard. 32 p.

108 — et Militaires français, anciens et modernes, en bustes et en pied. 80 p.

109 — Collection *Amb. Tardieu*. 139 p.

110 — Collection *Delpech*. 79 p. in-8. Lithog.

111 — In-8 et in-4. Lithog. 44 p.

112 — Français. Lithog. In-fol. 21 p.

113 **Hommes célèbres.** Lithog. In-fol. par *Sudre*. 22 p.

114 — Poltiques, Condamnés et leurs Défenseurs, Prévenus d'avril, etc. 94 p.

115 **Industriels.** Julien, Horlogers, Imprimeurs, etc. 15 p.

Grivo ?.

[illegible]

Grivo 7

Lemeignen 10

116 **Littérateurs**, anciens et modernes, *Vadé* de *Ficquet*. 72 p.

117 — en pied, et collection *Tardieu*. 39 p.

118 — Poëtes, Historiens, anciens et modernes. 70 p.

119 — Écrivains divers. Lithog. 67 p.

120 **Magistrats**, Ministres, etc., par *Edelinck*, *Mellan*, *Moncornet*, etc. 30 p.

121 — Gardes des sceaux, Conseillers d'État, etc. 70 p.

122 — Chanceliers, etc., en bustes et en pied. 54 p.

123 — divers. Lithog. In-8 et in-4. *Delpech*, etc. 33 p.

124 **Maréchaux** et Commandants militaires, XVIIIe siècle. 50 p.

125 — Guerriers, Princes, Commandants militaires, anciens. 80 p.

126 **Marins**. Amiraux, Chefs d'escadre. Gravés et lithog. 57 p.

127 **Médecins**. Chirurgiens, etc. 44 p.

128 — Chaussier, La Martinière, etc. In-fol. 5 p.

129 **Musiciens**. Gravés et lithog. 30 p.

130 **Rois de France**. *Daret*, *Larmessin* et autres; Princes, etc. 122 p.

131 — de France. Collection d'*Odieuvre*, plusieurs par *Ficquet*, *Schmidt*, Louis XIV par *Edelinck*. 76 p.

132 — de France. Collection *Sergent*. In-4 en couleur. 15 p. superbes.

133 — Reines, Princes anciens, jusqu'à Marie-Antoinette. 44 p.

134 — et Princes français, gravés modernes, en bustes et en pied. 55 p.

135 — et Princes, galerie de Versailles et autres, en bustes et en pied. 79 p.

136 — et Princes français, de François Ier à Charles X. 20 p. lithog. in-fol.

137 — Reines, Princes et Princesses. Lithog. In-fol. 24 p.

138 — et Princes Français. Lithog. in-4. 37 p.

139 — Princes et Princesses. Collection *Delpech.* In-8. 81 p.

140 — Henri IV, Louis XIV, de *Masson.* Louis XVIII, Charles X, Louis-Philippe, Napoléon Ier et III. 13 p. in-fol.

141 **Napoléon Ier** et Famille, Napoléon III. Lith. In-fol. 19 p.

142 Napoléon et sa Famille. Faits historiques. 37 p.

143 Napoléon, Famille et Sujets historiques sur l'époque. 51 p.

144 **Orléans.** Louis-Philippe et Famille. Lithog. in-fol. 12 p.

145 **Savants**, Professeurs, Recteurs. Gravés. 17 p.

146 **Théâtre.** Grétry, Raucourt, Talma, etc. 5 p. in-fol.

147 — Anciens costumes. *Martinet.* 47 p.

148 — Costumes Lacauchie, Martinet. 73 p. lithog.

149 — Acteurs et Actrices en pied. Divers formats. 47 p.

150 — Scènes et Acteurs en pied. Gravés et lithog. 55 p.

151 — Acteurs et Actrices en pied. Lithog. 61 p.

Grivo 3.

Grangier 20

Grivo 7

Janze Grivo 7

Grivo 12.

Janze

152 — Acteurs en bustes et en pied. Lithog. 50 p.
153 — Opéra, Acteurs en bustes et en pied. 32 p.
154 — Opéra, Acteurs. Lithog. 34 p.
155 — Acteurs des Français, anciens et modernes. 31 p.
156 — Odéon et Français. Lithog. 33 p.
157 — Acteurs et Actrices, par *Hillemacher*. 15 p.
158 — Acteurs. Gravés et lithog. 43 p.
159 — Acteurs divers et charges, en pied. 60 p.
160 Collection des Hommes utiles. 76 p. in-8.
161 **Criminels**. Louvel, Papavoine, Fieschi, etc. 15 p.
162 Personnages de l'affaire Cadoudal. 51 p. in-8.
163 Petits portraits de Généraux, Artistes, Savants, la plupart au trait, de Landon, etc. 108.
164 **Célébrités diverses**. Jean-Bart, en couleur, Sartine, Sully et autres. 13 p. in-fol. Personnages français.
165 — Personnages étrangers. 22 p. in-fol.
166 **Célébrités diverses**, françaises et étrangères. 65 p. petit format.
167 — Français et Étrangers. In-4 et petit in-fol. 22 p.

CLASSÉS PAR GRAVEURS

168 **Carmona**. Collin de Vermont, de Paris, peintre. In-fol. d'ap. *Roslin*. Superbe ép.
169 **Cars**. Michel Anguier, sculpteur. In-fol. d'ap. *Revel*. Très-belle ép. toute marge.
170 — Charles, archevêque de Cambrai. Petit in-fol. — Nic. Roujault. In-fol. 2 p.

171 **Cathelin.** Revoire, abbé de Sainte-Geneviève. — Joseph Vernet, peintre. 2 p. in-fol.

172 **Chereau.** L. Pecourt, maître de ballets. In-fol. d'ap. *Tournière.*

173 — Picon d'Andrezel. — Eusèbe Renaudot. 2 p.

174 **Daullé.** Cl. Deshais-Gendron, médecin. In-fol. d'ap. *Rigaud.* Belle ép.

175 **Desmadryl.** George Sand. Petit in-fol., manière noire, d'ap. *Charpentier.* Belle ép. sur chine.

176 **Dieu.** Mme Dumont. — M. Dumont, en pied. — M. Dumont, par *Leroux.* 3 p. in-fol.

177 **Drevet.** Delamet, Fourcy, Lecouvreur, Maria Serre, Vintimille. 5 p. in-fol.

178 **Dyck** (D'ap. Van). H. Vanden Eynden, par *Vorsterman.* Très-belle ép. avec *Mart. Vanden Enden.*

179 — Bolswart, Galle, Halmalius et autres. 7 p.

180 **École anglaise.** Lady Hamilton, Victoria et autres femmes célèbres. 8 p. in-fol.

181 — Charles Ier, Georges de Walles, d'ap. *Gainsborough,* Pitt et autres. 12 p. in-fol.

182 **Edelinck.** Desjardins, Bignon, Paul Tallement. 3 p. in-fol.

183 **Fessard.** P.-A. de Luynes, Le Clerc de Juigné. 2 p. in-fol.

184 **Fiesinger,** etc., Généraux. Ovales petit in-fol. d'ap. Guérin. 11 p.

185 **François.** Quesnoy, médecin. In-fol.

186 **Gaillard.** Ecclésiastiques, de Beaumont, Duchesne, Languet. 3 p. in-fol.

187 **Henriquez.** D'Alembert, Diderot. 2 p.

enseignem 5

Esnault 8

Delaunay 20

Esnault 10

188 **Hortemels.** François Gaultier, abbé. In-fol.

189 **Janinet.** Le brave Crillon. Ovale petit in-fol. en couleur, superbe.

190 — Ninon de l'Enclos. Ovale pet. in-fol. en coul.

191 **Larmessin.** Ch.-H. de Lorraine. — Vignacourt. 2 p. in-fol.

192 **Lépicié.** Claude Capperonnier. In-fol. d'ap. *Aved.* Très-belle ép.

193 — Ch. Richer de Roddes de La Morlière. Petit d'ap. *La Tour.* Très-belle ép.

194 — Cath. de Seine. — Ch. Desmares. 2 p. in-fol.

195 **Levachez.** Portraits des tableaux de la Révolution. 8 p. in-fol.

196 **Meerlen.** Achille de Harlay, N. de Harlay Sancy, N. de Harlay, Ch. de Neufville d'Halincourt. 4 p.

197 **Mellan.** J. Habert de Montmor. — Ventadour, archev. de Bourges. 2 p. petit in-fol.

198 **Mellini.** C.-J. de Pollinchove, président au Parlement de Flandre. In-fol. d'ap. *Aved.* Très-belle ép.

199 **Michel.** Bonneval, comédien. Petit in-fol.

200 **Moitte.** Beringhen. — J. F. Henault. 2 p. in-fol.

201 **Morin.** Jacques Tubeuf, d'ap. *Champagne.*

202 **Nanteuil.** Barberin (R. D. 28). — Barberin (29). — Barrillon (31). — Bochard de Saron (42). 4 p.

203 — De Gillier (102). — Guenault (105). — Marquis de Maisons (166). — Sarrazin (220). 4. p.

204 — Marin Cureau de La Chambre. — Voiture. 2 p.

205 **Petit.** Maurepas. — Potier de Gesvres, en pied. — Bachelier de Montcel. 3 p. in-fol.

206 **Saint-Aubin.** Joseph Pellerin, entouré de ses médailles. Très-belle ép. marge.

207 **Schmidt.** Fréderic de Gorne, ministre. In-fol. grande marge. Très-belle ép,

208 — Mignard, peintre. In-fol. d'ap. *Rigaud.*

209 **Suyderhoef.** Gille de Glarges. — F. de Villani par *Van Schuppen.* 2 p. in-fol.

210 **Tardieu** (J.-N.). Bon de Boullongne, peintre. Petit in-fol. d'ap. *Gilles Allou.* Belle ép.

211 **Trouvain.** Alexis du Buc. — Jouvenet, peintre. 2 p. petit in-fol.

212 **Vallée.** Jean de Troy, peintre. In-fol. Belle ép.

213 **Vermeulen.** Jaillot, géographe. — J. Roettier, graveur de médailles. 2 p. in-fol.

214 — J. de Brunenc. — J.-B. Boyer d'Aguilles. — J.-B. Boyer d'Aguilles, par *Coelmans.* 3 p. in-fol.

215 **Visscher,** H. Du Booys. — J. Cornelisz. — Vondel. 3 p.

216 **Wille.** Lowendal.—Maréchal de Saxe. 2 p. in-fol.

ARCHITECTURE, ORNEMENTS, VIGNETTES

217 **Architecture.** Rosaces et autres détails, Serrurerie. 4 cahiers.

218 — Détails d'architecture, Fleurons et caractères d'imprimerie, Cahier d'écriture de Tomkins. 5 cahiers.

219 **Demont.** Divers Tombeaux des cimetières de Paris. Cahier de 24 pl.

Herman 3.

Lemeignen 20

220 **Hogarth.** La Vie d'un jeune homme et autres scènes de mœurs. 21 p. in-4.

221 — Pièces doubles. 88 p. des diverses suites.

222 **Ozanne.** Recueil des combats de Duguay-Trouin, 24 Feuilles portraits, Titre, Marine et texte gravé. Cahier.

223 **Vanderbanck.** Cahier de serrurerie riche : Balcons, Grilles, Rampes, Clefs et Entrées de serrures, etc. 20 p.

224 Modèle d'Orfévrerie au trait grandeur naturelle. — Recueil de Caractères, Vignettes, Ornements et Feurons de la fonderie Gillé. — Traité de l'Écriture, par Defargues. 3 vol. petit in-fol.

225 **Histoire Sainte**, 32. — Vie de Jésus, 21. — Sujets religieux, 21. En tout 72 p.

226 **Vignettes** anciennes pour la Bible. 56 p.

227 — Diverses, d'ap. *Moreau*, *J. David*, etc. 101 p.

228 — Pour Voltaire, d'ap. *Moreau*. 87 p.

229 — Pièces historiques françaises. In-8 et in-4. 85 p.

230 — Scènes et faits historiques, Vignettes. 31 p.

231 — Historiques, *L. Boulanger*, *Raffet*, etc. 77 p.

232 — Vues pittoresques, France et Étranger. 82 p. in-8.

233 Sujets tirés de la Fable. 86 p.

HISTOIRE NATURELLE

234 **Encyclopédie.** Histoire naturelle, Oiseaux. 240 p. en feuilles. Complet, dans un portefeuille.

235 **Histoire naturelle,** Insectes. 202 p.
236 — Chenilles et Papillons. 77 p.
237 — Insectes de Coquebert complet. 30 p.
238 — Poissons, complet. 102 p.
239 — Reptiles et autres, complet. 68 p.
240 — Insectes coloriés. 60 p.
251 Histoire naturelle, Vigettes sur bois. 309 p. Sera divisé.
242 Fleurs coloriées, lithog. par *Bataille*. 14 p.

PORTRAITS ET VIGNETTES EN NOMBRE

243 **Portraits en nombre.** Ambroise Paré, sous le nom de Coligny, 50. — Titien, sous le nom de Messein, 50. 100 p.
244 — Le Tourneur, sous le nom de Nelson, 50 p. — La Peyrouse, sous le nom de Carraciolo, 50. 100 p.
245 — Descartes, sous le nom du duc d'Albe, 50. — Schiller, sous le nom de baron de Bars, 50. 100 p.
246 — Chaptal, sous le nom de Riego, 50 p. — Milton, sous le nom d'O'Connell, 25. — Abdel-Kader, 25. 100 p.
247 — Jeanne Gray, 50. — Marie Stuart, 50. 100 p.
248 — Jacques de Molay, 50. — Pierre l'Hermite, 50. 100 p. en pied.
249 — Clauzel, en pied. — Pichegru. — Marat. — Henri V d'Angleterre. 25 de chaque 100 p.

250 — Ignace de Loyola, fondateur des Jésuites. 100 ép.

251 — Louis Napoléon, roi de Hollande. 100 ép.

252 — Damrémont, général, en pied. 100 ép.

253 — La comtesse Oswald. 100 ép.

254 — Agnès Sorel. 100 ép.

255 — Le prince de Joinville, 100. — Lamoricière, 100. — 200 portaits en pied.

256 — Jacques de Molay. — Ignace de Loyola, en pied sur la même feuille. 50 p.

257 — Louis Napoléon.— Fox, sur la même feuille. 100 p.

258 — Boucharlat. Lithog. in-4. 100 p.

259 — Calvimont (Albert de). Lithog. in-4. 50 p.

260 — Cherubini, compositeur. Lithog. in-4. 25 p.

261 — Cloth-Bey. Lithog. in-4. 50 p.

262 — Narvaez, maréchal espagnol. Lithog. in-4. 50 p.

263 — Sauvage (Fédéric). Lithog. in-4. 100 p.

264 **Vignettes en nombre.** Pierre le Grand à Amsterdam, 50 p. — Supplice de Jacques de Molay, 50 p. — 100 p.

265 — Chapeau de Napoléon. 50 p.

266 — Bonaparte à la Convention, d'ap. Raffet. 100 ép.

267 — Campagne de 1814, 25. — Championnet, 25. — Et autres faits historiques, 10 de chaque, 100 p.

268 — 8 Sujets historiques français, 25 de chaque. 200 p.

269 — Costumes français, 50. — Costumes anglais, 50. — 100 p.

270 — L'Épreuve de l'eau, 50. — Scène de Carbonaro, 50, — 100 p.

271 — Pour Paul et Virginie, bois sur chine, 50. — Femme juive, coloriée, 50. — 100 p.

272 — Sujets historiques de Kosciusko, 2 différents sur la même feuille. 100 ép.

273 — Mariage du duc de Montpensier, O'Connell. 2 sujets sur la même feuille. 100 ép.

274 — Révolution belge, 50. — Kabyle, 25. — Carbonari, 25. — Femme juive d'Alger, 100. — 200 p.

275 — 8 Sujets hitoriques étrangers, sur acier, 25 de chaque. 200 p.

276 — Teuta, reine des Pirates, 100 — Insurrection grecque, 100. — 200 p.

277 — Don Pedro, 100. — La reine Christine recevant la Constitution, 100. — 200 p.

278 — L'Aumône, 100. — Le Billet de logement, 100. — 200 p.

279 — Femme mauresque, 100. — Infanterie régulière d'Abd-el-Kader, 100. — 200 p.

280 — Général Cervoni et Pie VI, 100. — Guérillas : Paolo épiant ses troupes, 100. — 200 p.

281 — Jean Narquois, 100. — La Lune et les pêcheurs, 100. — 200 p.

282 — Frontispice, 100. — Auto-da-fé, 100. — 200 p.

283 — Les trois Vengeurs suisses, 100. — Jocelyn, paysage, 100. — 200 p.

284 — Odalisque nonchalamment étendue. 100 ép.

285 — Pour Tom Jones, 20. — Autre sujet, 20. — Child Harold, 10. — 50 p.

286 — Pour Paul et Virginie, 25. — Et trois autres sujets, 10 de chaque. 55 p. 1

287 — Inquisition, Convoi du pauvre, 25 ép. — Reine d'Espagne, Empereur de Russie, 50 ép. — Riego, Capo d'Istria, 50 ép. — 6 Sujets différents, 150 p. 1

288 — Sujets costumes algériens, 4 sujets différents sur la même feuille. 50 ép. 1

289 — Médaille et son revers sur la Gallicie. 50 ép. 1

290 — Famine en Irlande, Révolte grecque, 2 sujets. 50 ép. — Et 2 sujets arabes, 100 feuilles. — 150 p.

291 — Vues du château de Combourg, Malmaison et autres, 10 de chaque. 50 p. 1.50

292 — Cathédrale de Tours, 50. — Prison du général Berton, 50. — 100 p.

293 — Hôtel-de-Ville de Louvain, 100. — Vue de Smyrne, 100. — 200 p. 1.50

294 — Prison de Jacques Clément, 100. — Tombeau du Conseil des Dix, 100. — 200 p.

295 — Palais des Jésuites au Paraguay, 100. — Grotte de Morgatte, 100. — 200 p. 1

296 — L'Apprêt du bal, Tête de femme, par Schenker. 25 ép. 1

VUES

297 **Vues**. Amérique, Buenos-Ayres, Rio-Janeiro et autres, Scènes de nègres, etc. 25 p. lithog. in-fol. 2

298 — Chili, Pérou, Chine, Cochinchine, Java et autres pays de l'Asie. 47 p. in-fol. lithog.

299 — Danemarck, Suède, Laponie, Spitzberg, Russie, etc. 56 p. in-fol. lithog.

300 — Espagne et Portugal. 68 p. gravées.

301 — Espagne. In-fol. lithog. 18 p.

302 — De France. Lithog. in-fol. 22 p.

303 — De France, Cathédrales, Châteaux, etc. 44 p. in-fol. lithog.

304 — Grèce, Égypte, etc. Gravées, 17 p. in-fol.

305 — Italie. In-fol. lithog. 85 p.

306 — Italie. In-fol. lithog. 58 p.

307 — Norwége, Suède, Danemarck, Islande, etc. 67 p. lithog. in-fol.

308 — Norwége, Finlande, etc., plusieurs doubles. 34 p. lithog. in-fol.

309 — Russie, gravées, Finlande, Belgique et autres. Lithog, in-fol. 42 p.

310 — Suisse. In-fol. lithog. 42 p.

311 — Divers pays du Nord. 46 p. lithog. in-fol.

Ves Renou, Maulde et Cock, imprs de la Cie des Commissaires-Priseurs, rue de Rivoli, 144. 08724

www.ingramcontent.com/pod-product-compliance
Ingram Content Group UK Ltd.
Pitfield, Milton Keynes, MK11 3LW, UK
UKHW022148170726
13837UKWH00004B/1867

9 782329 491592